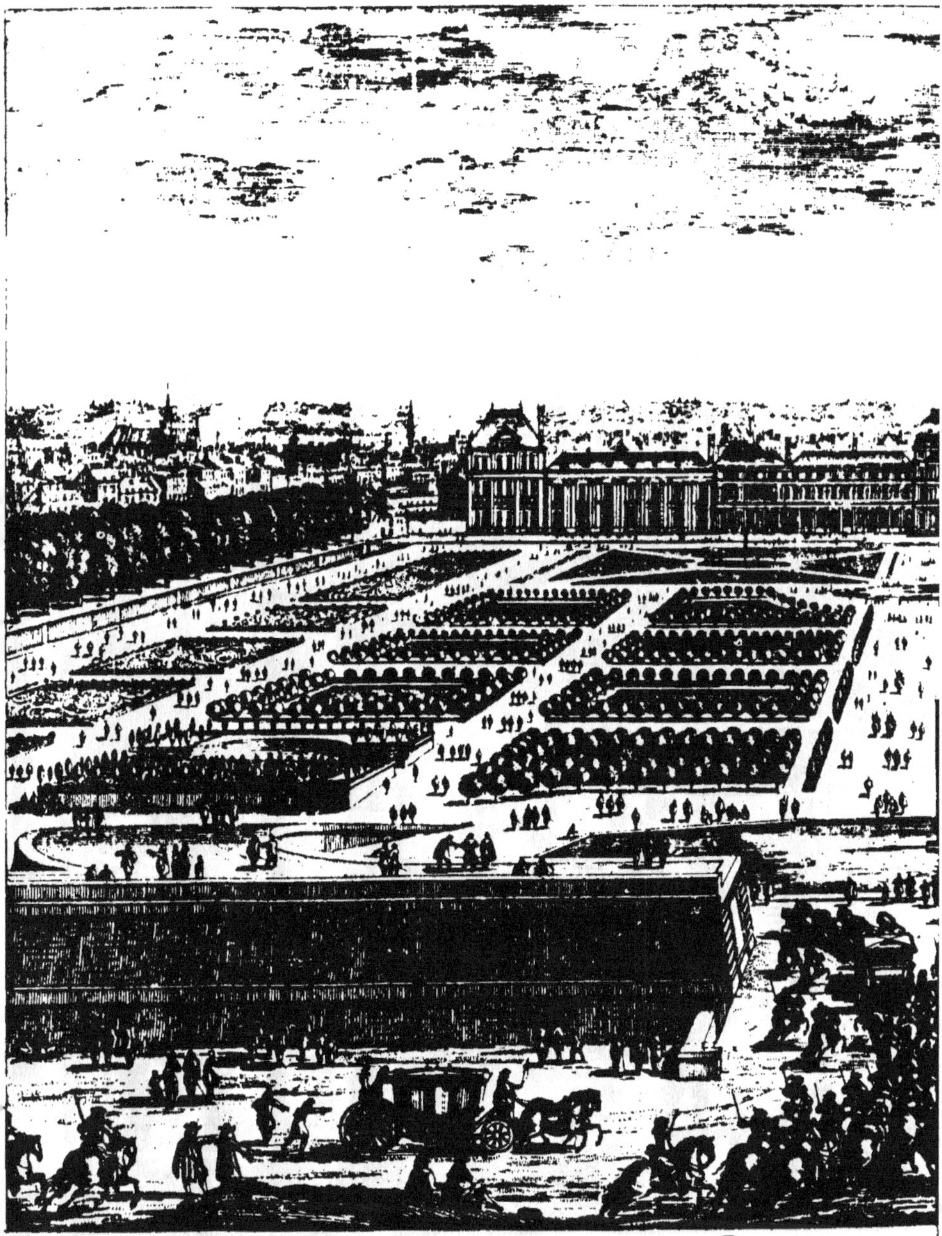

Perelle del. et sculp.

Veüe et Perspective des

Thuilleries, et du Jardin

N. Poilly ex. c.p. regis

PSICHÉ
TRAGI-COMEDIE,
ET BALLET.

Dansé devant sa Majesté au mois de Ianvier 1671.

A PARIS,
Par ROBERT BALLARD, seul Imprimeur du Roy pour la Musique, ruë S. Iean de Beauvais, au Mont-Parnasse.

M. DC. LXXI.
AVEC PRIVILEGE DE SA MAIESTE'.

DESCRIPTION
DE LA SALE.

LE lieu destiné pour la representation, & pour les spectateurs de cet assemblage de tant de magnifiques Divertissements, est une Sale faite exprés pour les plus grandes Festes, & qui seule peut passer pour un tres-superbe spectacle. Sa longueur est de quarante thoises ; Elle est partagée en deux parties, l'une est pour le Theatre, & l'autre pour l'Assemblée. Cette derniere partie est celle que l'on void la premiere ; Elle a des beautez qui amusent agreablement les regards jusques au moment où la Scene doit s'ouvrir. La face du Theatre ainsi que les deux retours eſt un grand ordre Corinthien, qui comprend toute la hauteur de l'Edifice. On entre dans le Parterre par deux Portes differentes, à droit & à gauche. Ces Entrées ont des deux coſtez des Colonnes ſur des piédeſtaux, & des Pilaſtres quarrez élevez à la hauteur du Theatre: On monte enſuite ſur un Haut-d'aix reſervé pour les places des Perſonnes Royales, & de ce qu'il y a de plus conſiderable à la Cour. Cet eſpace eſt bordé d'une Baluſtrade par devant, & de degrez en Amphitheatre tout à l'entour: Des Colonnes poſées ſur le haut de ces degrez, ſoûtiennent des Galeries, ſous leſquelles, entre les Colonnes, on a placé des Balcons qui ſont ornez, ainſi que le Plat-fond, & tout ce qui paroiſt dans la Sale, de ce que l'Architecture, la Sculpture, la Peinture, & la Dorure ont de plus beau, de plus riche, & de plus éclatant.

PROLOGVE.

PROLOGVE.

TRENTE Luſtres qui éclairent la Sale de l'Aſſemblée ſe hauſſent pour laiſſer la veuë du ſpectacle libre dans le moment que la Thoile qui ferme le Theatre ſe leve. La Scene repreſente ſur le devant des lieux Champeſtres. Vn peu plus loin paroiſt un Port de Mer fortifié de pluſieurs Tours; dans l'enfoncement on void un grand nombre de Vaiſſeaux d'un coſté, & de l'autre, une Ville d'une tres-vaſte eſtenduë. Le Theatre eſt vn Port de Mer.

Flore eſt au milieu du Theatre, ſuivie de ſes Nymphes, & accompagnée à droit & à gauche de Vertumne, Dieu des Arbres & des Fruits, & de Palæmon, Dieu des Eaux. Chacun de ces Dieux conduit une Troupe de Divinitez; l'Vn mene à ſa ſuite des Driades & des Silvains, & l'Autre des Dieux de Fleuves & des Nayades.

B

Machines de Venus, de l'Amour & des Graces. Vne grande Machine descend du Ciel au milieu de deux autres plus petites. Elles sont toutes trois envelopées d'abord dans des Nuages, qui en descendant, roulent, s'ouvrent, s'étendent, & occupent enfin toute la largeur du Theatre. On découvre une des Graces dans chacune des petites Machines, & la plus grande est occupée par Venus, & par son Fils, environnez de six Amours. Aussi-tost que Flore aperçoit Venus, elle la presse de venir achever par ses charmes les douceurs que la Paix a commencé de faire gouster sur la Terre, & par un Recit qu'elle chante, elle témoigne l'impatience qu'elle a de profiter du retour de la plus aimable des Deesses, & qui preside à la plus belle des Saisons.

Flore. Mademoiselle. Hylaire.
Nymphes de Flore qui chantent. Mad.^{lle} Des-Fronteaux, Messieurs Gingan cadet, Langeais, Gillet, Oudot, & Iannot.
Vertumne Monsieur de la Grille.
Palæmon. Monsieur Gaye.
Suite de Vertumne, & de Palæmon.
Silvains. Messieurs le Gros, Hedoüin, Beaumont, Fernon l'aisné, Fernon le cadet, Rebel, Serignan, & le Maire.

Fleuves. Messieurs Bony, Estival, Dom, Gingan l'aisné, Morel, Deschamps, Bernard, Rossignol, Bomauiel, & Miracle.
Nayades. Les Sieurs Thierry, la Montagne, Mathieu, Perchot, Pierrot, & Renier.

DANCEURS.

Quatre Dryades. Messieurs de Lorge, Bonnard, Chauveau, & Favre.
Quatre Silvains. Messieurs Chicanneau, la Pierre, Favier, & Magny.
Quatre Fleuves. Messieurs Beauchamp, Mayeu, Desbrosses, & S. André cadet.
Quatre Nayades. Messieurs Lestang, Arnal, Favier cadet, & Foignard cadet.
Venus. Mademoiselle de Brie.
L'Amour. La Thorilliere le fils.
Six Amours. Thorillon, Baraillon, Pierre Lionnois, Maugé, Dauphin, & du Chesne.
Deux Graces. Mesd^{lles} La Thorilliere, & de Croisy.

RECIT DE FLORE.
Chanté par Mademoiselle Hylaire.

CE n'est plus le temps de la Guerre ;
  Le plus puissant des Rois
  Interrompt ses Exploits
Pour donner la Paix à la Terre:
Descendez, Mere des Amours,
Venez nous donner de beaux jours.

Les Nymphes de Flore, Vertumne & Palæmon, avec les Divinitez qui les accompagnent, joignent leurs voix à celle de Flore pour presser Venus de descendre sur la Terre.

CHOEVR

Des Divinitez, de la Terre & des Eaux.

Nous gouſtons vne Paix profonde;
Les plus doux Ieux ſont icy bas;
On doit ce repos plein d'appas
Au plus grand ROY *du Monde:*
Deſcendez, Mere des Amours,
Venez nous donner de beaux jours.

Vertumne & Palæmon font en chantant une maniere de Dialogue pour exciter les plus inſenſibles à ceſſer de l'eſtre à la veuë de Venus & de l'Amour. Les Dryades, les Silvains, les Dieux des Fleuves, & les Nayades expriment en meſme temps par leurs dances la joye que leur inſpire la preſence de ces deux charmantes Divinitez.

DIALOGVE

DIALOGUE
De Vertumne & de Palæmon.
Chanté par Messieurs de la Grille & Gaye.

VERTVMNE.

Rendez-vous, Beautez cruelles,
Soûpirez à vostre tour:

PALÆMON.

Voicy la Reyne des Belles
Qui vient inspirer l'amour.

VERTVMNE.

Vn bel Objet toûjours severe
Ne se fait jamais bien aimer,

PALÆMON.

C'est la beauté qui commence de plaire,
Mais la douceur acheve de charmer.

Ils repetent ensemble ces derniers Vers.

C'est la beauté qui commence de plaire,
Mais la douceur acheve de charmer.

VERTVMNE.

Souffrons tous qu'Amour nous blesse;
Languissons, puis qu'il le faut;

PALÆMON.

Que sert vn cœur sans tendresse;
Est-il vn plus grand defaut?

C

VERTVMNE.

Vn bel Objet, &c.

Flore respond au Dialogue de Vertumne & de Palæmon, par vn Menüet qu'elle chante: Elle fait entendre que l'on ne doit pas perdre le temps des Plaisirs; & que c'est une folie à la Ieunesse d'estre sans amour. Les Divinitez qui suivent Vertumne & Palæmon, meslent leurs danses au chant de Flore, & chacun fait connoistre son empressement à contribüer à la réjoüissance generale.

MENVET DE FLORE.

Chanté par Mademoiselle Hylaire.

Est-on sage
Dans le bel âge?
Est-on sage
De n'aimer pas?
Que sans cesse
L'on se presse
De gouster les plaisirs icy bas;
La sagesse
De la Ieunesse
C'est de sçavoir joüir de ses appas.

L'Amour charme
Ceux qu'il desarme,
L'Amour charme,
Cedons luy tous:
Nostre peine
Seroit vaine
De vouloir resister à ses coups:
Quelque chaîne
Qu'un Amant prenne,
La Liberté n'a rien qui soit si doux.

Les Divinitez de la Terre & des Eaux, voyant approcher Venus, recommencent de joindre toutes leurs voix, & continüent par leurs Danses de luy témoigner le plaisir qu'elles ressentent à son abord, & la douce esperance dont son retour les flate.

CHOEVR
De toutes les Divinitez de la Terre & des Eaux.

Nous goustons une Paix profonde;
Les plus doux feux sont icy bas;
On doit ce repos plein d'appas
Au plus grand ROY du Monde.
Descendez, Mere des Amours,
Venez nous donner de beaux Iours.

Venus defcend avec fon fils & les Graces, Elle ne peut diffimuler la confufion qu'elle a des honneurs que l'on rend à la beauté de Pfiché, au mépris de la fienne : Elle oblige les Divinitez qui fe réjoüiffent de fon retour fur la Terre, de la laiffer feule avec l'Amour. Elle luy exagere fon dépit, & l'ayant conjuré de la vanger, elle fe va cacher aux yeux de tout le Monde, en attendant le fuccez de fa vengeance. L'Amour part du bord du Theatre, & aprés avoir fait un tour en l'air en volant, il fe va perdre dans les **Nuës**.

NOMS DES ACTEVRS.

L'Amour.   Baron.
Pfiché.   Mademoifelle Moliere.
Deux Sœurs de Pfiché.   Mefd^(lles) Marotte & Boval.
Le Pere de Pfiché.   La Thorilliere.
Son Capitaine des Gardes.   Chafteau-neuf.
Les deux Amants de Pfiché.   Hubert & la Grange.
Venus.   Mademoifelle de Brie.
Deux Graces. Les petites la Thorilliere & du Croify.
Deux petits Amours.   Thorillon & Barillonet.
Un Fleuve.   De Brie.
Jupiter.   Du Croify.
Zephir.   Moliere.
     Deux Suivants, & deux Pages.

ARGVMENT

ARGVMENT
DV PREMIER ACTE.

LA Scene est changée en une grande Allée de Cyprés, où l'on découvre des deux costez des Tombeaux superbes des anciens Rois de la Famille de Psiché. Cette Decoration est coupée dans le fonds par un magnifique Arc de Triomphe, au travers duquel on void un éloignement de la mesme Allée qui s'étend jusqu'à perte de veuë.

Le Theatre est vne Allée de Cyprés.

SCENE PREMIERE.

LEs deux Sœurs de Psiché expriment la jalousie qu'elles ont contre leur Cadette.

SCENE SECONDE.

ELles veulent se rendre agreables à Cléomene, & à Agenor, deux jeunes Princes Amis; mais elles les découurent l'un & l'autre amoureux de Psiché.

SCENE TROISIESME.

LEs deux Princes declarent leur amour à Psiché.

D

SCENE QVATRIESME.

Lycas avec douleur vient chercher Psiché de la part du Roy son Pere.

SCENE CINQVIESME.

Les deux Sœurs aprennent de Lycas la réponse funeste que l'Oracle a renduë au Roy sur la destinée de Psiché.

PREMIER INTERMEDE.

Le Theatre est vn Desert.

La Scene change en des Rochers affreux, & fait voir en éloignement une effroyable Solitude.

C'est dans ce Desert que Psiché doit estre exposée pour obeïr à l'Oracle. Vne Troupe de Personnes affligées y viennent deplorer sa disgrace. Vne Partie de cette Troupe desolée témoigne sa pitié par des Plaintes touchantes, & par des Concerts lugubres, & l'Autre exprime sa desolation par toutes les marques du plus violent desespoir.

Femme desolée, qui plaint le malheur de Psiché.
Mademoiselle Hylaire.
Hommes affligez, qui plaignent sa disgrace.
Messieurs Morel, & Langeais.

Dix Flustes. Les Sieurs Philebert, Descouteaux, Piesche le fils, Nicolas, Louïs, Martin, & Colin Hotterre, Fossart, du Clos, & Boutet.

PLAINTES EN ITALIEN
Chantées par Mademoiselle Hylaire, Messieurs Morel, & Langeais.

Mademoiselle Hylaire.

Eh piangete al pianto mio
Sassi duri, antiche selue,
Lagrimate fonti, e belue
D'vn bel volto il fato rio.

M. Langeais.

Ahi dolore.

M. Morel.

Ahi martire.

M. Langeais.

Cruda morte.

M. Morel.

Empia sorte.

TOVS TROIS.

Che condanni à morir tanta beltà.
Cieli, stelle, ahi crudeltà.

Mademoiselle Hylaire.

Rispondete à miei lamenti
Antri caui, ascose rupi,
Deh ridite fondi cupi
Del mio duolo i mesti accenti.
Ahi dolore, &c.

M. Morel.

Com' esset può fra voi, ò Numi eterni,
Chi voglia estinta vna beltà innocente,
Ahi che tanto rigor, Cielo inclemente,
Vince di crudeltà gli stessi inferni.

M. Langeais.

Nume fiero.

M. Morel.

Dio severo.

TOVS TROIS.

Perche tanto rigor
Contro innocente cor.
Ahi sentenza inudita,
Dar morte à la Beltà, ch' altrui da vita.

ENTREE' D'HOMMES AFFLIGEZ, ET DE FEMMES DESOLE'ES.

Hommes. Messieurs Dolivet, le Chantre, S. André l'aisné, & S. André le cadet, la Montagne, & Foignard l'aisné.

Femmes. Messieurs Bonard, Ioubert, Dolivet le fils, Isaac, Vaignard l'aisné, & Girard.

CONTINVATION DES PLAINTES.

AHi ch' indarno si tarda,
Non resiste a li Dei, mortale affetto,
Alto imperò ne sforza,
Oue commanda il Ciel, l'Vuom cede à forza.

Deh piangete, &c. come sopra.

ARGVMENT

ARGVMENT DV II. ACTE.

SCENE PREMIERE.

LE Pere de Pſiché fait éclater ſa douleur, & luy dit le dernier adieu.

SCENE SECONDE.

LEs deux Sœurs prennent auſſi congé de Pſiché.

SCENE TROISIESME.

LEs deux Princes viennent trouver Pſiché pour s'oppoſer ou s'expoſer à tous les perils qui la pourront menacer. Elle eſt enfin enlevée par le Zephire, qui la fait emporter ſur un amas de nuages par un Tourbillon de vent. Les deux Princes qui la perdent de veuë s'abandonnent au deſeſpoir.

Enlevemẽt de Pſiché.

SECOND INTERMEDE.

Le Theatre est vn Palais.

LE Theatre se change en une Cour magnifique coupée dans le fonds par un grand Vestibule qui est soustenu par des Colonnes extremement enrichies. On void au travers de ce Vestibule, un Palais pompeux & brillant que l'Amour a destiné pour Psiché.

Des Cyclopes travaillent en diligence pour achever de grands Vases d'or, que des Fées leur aportent, & qui doivent estre de nouveaux Ornements du Palais de l'Amour.

ENTRE'E
DES CYCLOPES ET DES FE'ES.

Huit Cyclopes. Messieurs Beauchamp, Chicanneau, Mayeu, la Pierre, Favier, Desbrosses, Ioubert, & S. André cadet.

Huit Fées. Messieurs Noblet, Magny, de Lorge, Lestang, la Montagne, Foignard l'aisné, & Foignard le cadet, & Vaignard l'aisné.

ARGVMENT
DV III. ACTE.
SCENE PREMIERE.

LE Zephire, Confident de l'Amour, luy rend compte de la commiffion qu'il a euë d'enlever Pfiché.

SCENE SECONDE.

PSiché témoigne fon étonnement à la veuë de ce fuperbe Palais, qui s'accorde fi mal avec ce qu'elle attend.

SCENE TROISIESME.

L'Amour fans fe faire connoiftre luy découvre fa paffion que Pfiché reçoit favorablement. Elle luy demande à voir fes Sœurs, l'Amour luy promet de les faire venir, & en donne l'ordre au Zephire, qui traverfe en l'air tout le Theatre, & s'envole dans les Nuages par un mouvement rapide.

TROISIESME INTERMEDE.

DE Petits Zephirs sont invitez à se mêler dans les doux Ieux des Amours par des Chansons qu'un Zephir & deux petits Amours chantent, & tous ensemble s'efforcent par leurs Chants & par leurs Dances de contribuer aux Divertissements que l'Amour veut donner à Psiché.

Zephir qui chante. Iannot.
Deux Amours chantans. Renier, & Pierrot.
Huit Zephirs dançants. Messieurs Bouteville, Des-Airs, Artus, Vaignard cadet, Germain, Pecourt, du Mirail, & Lestang le jeune.
Huit Amours dançans. Le Chevalier Pol, Messieurs Boüillant, Thibaut, la Montagne, Dolivet fils, Daluscau, Vitrou, & la Thorilliere.

CHANSON DV ZEPHIR.

Aimable Ieunesse,
Suivez la Tendresse,
Ioignez aux beaux Iours
La douceur des Amours:
C'est pour Vous surprendre
Qu'on Vous fait entendre
Qu'il faut éviter leurs soûpirs,
Et craindre leurs desirs;

Laissez

Laissez-Vous aprendre
Quels sont leurs plaisirs.

DIALOGVE DES DEVX AMOVRS.

ILS CHANTENT ENSEMBLES.

CHacun est obligé d'aimer
   A son tour,
Et plus on a dequoy charmer,
Plus on doit à l'Amour.

Un Amour chante seul.

Vn Cœur jeune & tendre
Est fait pour se rendre,
Il n'a point à prendre
De facheux détour.

Les deux Amours chantent ensemble.

Chacun est obligé d'aimer
   A son tour,
Et plus on a dequoy charmer,
Plus on doit à l'Amour.

Le second Amour chante seul.

Pourquoy se défendre?
Que sert-il d'attendre?
Quand on perd un jour,
On le perd sans retour.

Les deux Amours ensemble.

Chacun est obligé d'aimer
A son tour,
Et plus on a dequoy charmer,
Plus on doit à l'Amour.

Second Couplet de la Chanson du Zephir.

L'Amour a des charmes,
Rendons luy les armes :
Ses soins & ses pleurs
Ne sont pas sans douceurs :
Vn Cœur pour le suivre
A cent maux se livre,
Il faut pour gouster ses appas
Languir jusqu'au trépas,
Mais c'est ne pas vivre
Que de n'aimer pas.

Second Couplet du Dialogue des deux Amours.

S'il faut des soins, & des travaux,
En aimant,
On est payé de mille maux
Par un heureux moment.

Un Amour seul.

On craint, on espere,
Il faut du mistere;
Mais on n'obtient guere
De bien sans tourment.

Les deux Amours ensemble.

S'il faut des soins, & des travaux,
En aimant,
On est payé de mille maux
Par un heureux moment.

Le second Amour seul.

Que peut-on mieux faire
Qu'aimer & que plaire?
C'est un soin charmant
Que l'employ d'un Amant.

Les deux Amours ensemble.

S'il faut des soins, & des travaux,
En aimant,
On est payé de mille maux
Par un heureux moment.

ARGVMENT
DV IV. ACTE.

LE Theatre devient un Iardin superbe & charmant. On y void des Berceaux de verdure soûtenus par des Thermes d'or, & decorez de Vases d'Orangers, & d'Arbres de toutes sortes de Fruits. Le milieu du Theatre est remply des Fleurs les plus belles, & les plus rares, environnées de Hayes de Buys. On découvre dans l'enfoncement plusieurs Domes de Roquailles ornez de Coquillages, de Fontaines, & de Statuës, & toute cette agreable veuë se termine par un magnifique Palais.

Le Theatre est un Iardin.

SCENE PREMIERE.

LEs deux Sœurs de Psiché s'étonnent à la veuë de toutes les Merveilles qu'elles rencontrent, & la felicité de Psiché redouble leur jalousie contre Elle.

SCENE

SCENE SECONDE.

Elles profitent de la bonne foy de Psiché, & lors qu'elles s'en doivent séparer, le Zephire les enleve par un Nuage en globe qui descend du Ciel, & qui s'allonge jusqu'à Terre : Ce Nuage enveloppe les deux Sœurs, & s'estant estendu sur toute la largeur du Theatre, il les emporte avec rapidité. *Enlevemēt des deux sœurs.*

SCENE TROISIESME.

PSiché malgré la resistance de l'Amour veut sçavoir ce qu'il est ; l'Amour lié par un serment est contraint de se descouvrir, & part en colere pour retourner au Ciel. Dans l'instant qu'il s'envole, le superbe Jardin s'évanoüit, & Psiché se trouve seule au milieu d'une vaste Campagne, & sur le bord sauvage d'une grande Riviere. *Le Theatre est une Campagne.*

SCENE QVATRIESME.

PSiché au desespoir du départ de son Amant accuse sa curiosité, & se veut precipiter dans le Fleuve.

G

SCENE CINQVIESME.

LE Dieu du Fleuve paroiſt aſſis ſur un amas de Ioncs & de Roſeaux, & apuyé ſur une grande Vrne d'où ſort une groſſe ſource d'eau. Il retient Pſiché, & l'avertit que Venus la cherche.

SCENE SIXIESME.

VEnus fait des reproches à Pſiché qui eſſaye de s'excuſer. La Deeſſe irritée luy ordonne de la ſuivre pour éprouver ſa conſtance.

IV. INTERMEDE.

LA Scene repreſente les Enfers. On y void une Mer toute de feu dont les flots ſont dans une perpetuelle agitation. Cette Mer effroyable eſt bornée par des Ruïnes enflamées, & au milieu de ſes Flots agitez, au travers d'une Gueule affreuſe, paroiſt le Palais Infernal de Pluton.

Le Theatre eſt un Enfer.

Des Furies se réjoüissent de la rage qu'elles ont allumée dans l'ame de la plus douce des Divinitez. Des Lutins se meslent avec les Furies ; ils essayent par des Figures estonnantes d'espouvanter Psiché qui est descenduë aux Enfers, mais les charmes de sa Beauté obligent les Furies & les Lutins de se retirer.

ENTRE'E DES FVRIES, ET DES LVTINS.

Douze Furies. Messieurs Beauchamp, Hidieu, Chicanneau, Mayeu, Desbrosses, Magny, Foignard l'aisné, & Foignard le cadet, Ioubert, Lestang, Favier l'aisné, & S. André le cadet.

Quatre Lutins faisant des sauts perilleux.
Cobus, Maurice, Poulet, & Petit Iean.

ARGVMENT
DV V. ACTE.

SCENE PREMIERE.

Psiché passe dans une Barque, & aprés plusieurs travaux, paroist avec la Boëste qu'elle a esté prendre dans les Enfers par l'ordre de Venus.

SCENE SECONDE.

Elle trouve les Ombres des deux Princes ses Amants, que le desespoir avoit fait mourir.

SCENE TROISIESME.

Psiché sans songer au malheur que luy avoit produit sa premiere curiosité, veut essayer sur elle la vertu de ce qu'elle porte dans la Boëste, & en l'ouvrant, elle tombe évanouye.

SCENE QVATRIESME.

Descente de l'A-mour.

L'Amour descend en volant, & vient promptement au secours de Psiché, il la croit morte, & s'abandonne au desespoir.

SCENE CINQVIESME.

Chœur de Venus.

Venus paroist en l'Air sur son Char, & la Mere & le Fils s'emportent l'vn contre l'autre.

SCENE VI.

SCENE SIXIESME.

IVpiter s'avance pour arrester leurs em- Machine
portements, lors que Venus l'aperçoit, elle de Iupiter.
se retire vers l'vn des costez du Theatre, Iupiter met enfin d'accord Venus & son Fils,
& commande à l'Amour d'enlever Psiché au
Ciel, pour y celebrer leurs Nopces.

DERNIER INTERMEDE.

LE Theatre se change & represente le
Ciel. Le grand Palais de Iupiter descend, Le Theatre
& laisse voir dans l'éloignement, par trois est tout
suites de Perspective les autres Palais des Ciel.
Dieux du Ciel les plus puissants; vn Nüage
sort du Theatre, sur lequel l'Amour & Psiché se placent, & sont enlevez par vn second
Nüage, qui vient en descendant se joindre
au premier. Vne Troupe de petits Amours
vient dans cinq Machines, dont les mouve-
ments sont tous differents, pour témoigner
leur joye au Dieu des Amours : Et dans le
mesme temps Iupiter & Venus se croisent
en l'Air, & se rangent prés de l'Amour, &
de Psiché.

H

Les Divinitez des Cieux, qui avoient esté partagées entre Venus & son Fils se reünissent en les voyant d'accord; Elles paroissent au nombre de trois cents sur des Nüages, dont tout le Theatre est remply, & Toutes ensemble par des Concerts, des Chants, & des Danças celebrent la Feste des Nopces de l'Amour.

Apollon conduit les Muses, & les Arts; Bachus est accompagné de Silene, des Ægipans, & des Mænades : Mome, Dieu de la Raillerie, mene aprés luy vne troupe enjoüée de Polichinelles, & de Matassins ; & Mars paroist à la teste d'vne Troupe de Guerriers suivis de Tymbales, de Tambours, & de Trompettes.

Apollon Dieu de l'Harmonie commence le premier à chanter, pour inviter les Dieux à se réjoüir.

RECIT D'APOLLON.
Chanté par Monsieur Langeais.

Vnissons Nous, Troupe immortelle;
Le Dieu d'Amour devient heureux
  Amant,
Et Venus a repris sa douceur naturelle
  En faveur d'un Fils si charmant:

Il va goûter en paix aprés un long tourment,
Une félicité qui doit estre éternelle.

Toutes les Divinitez celestes chantent ensemble à la gloire de l'Amour.

CHOEVR DES DIVINITEZ CELESTES.

Celebrons ce grand Iour ;
Celebrons tous une Feste si belle :
Que nos Chants en tous lieux en portent la nouvelle ;
Qu'ils fassent retentir le celeste sejour :
Chantons, repetons, tour à tour,
Qu'il n'est point d'Ame si cruelle
Qui tost ou tard ne se rende à l'Amour.

Bachus fait entendre qu'il n'est pas si dangereux que l'Amour.

RECIT DE BACHVS.
Chanté par Monsieur Gaye.

Si quelquefois,
Suivant nos douces Loix,
La Raison se perd & s'oublie,
Ce que le vin nous cause de folie
Commence & finit en un jour ;
Mais quand un Cœur est enivré d'Amour,
Souvent, c'est pour toute la vie.

Mome declare qu'il n'a point de plus doux employ que de mesdire, & que ce n'est qu'à l'Amour seul qu'il n'ose se joüer.

RECIT DE MOME.

Chanté par Monsieur Morel.

JE cherche à mesdire
Sur la Terre, & dans les Cieux;
Ie soûmets à ma Satire
Les plus grands des Dieux. (tonne,
Il n'est dans l'Vnivers que l'Amour qui m'é-
Il est le Seul que j'épargne aujourd'huy;
Il n'apartient qu'à Luy
De n'épargner personne.

Mars avouë que malgré toute sa valeur, il n'a pû s'empescher de ceder à l'Amour.

RECIT DE MARS.

Chanté par Monsieur Estival.

MEs plus fiers Ennemis vaincus ou pleins d'effroy
Ont veu toûjours ma Valeur triomphante,
L'Amour est le Seul qui se vante
D'avoir pû triompher de Moy.

Tous

Tous les Dieux du Ciel unissent leurs voix, & engagent les Tymbales & les Trompettes à répondre à leurs Chants, & à se mesler avec leurs plus doux Concerts.

Chœur des Dieux, où se meslent les Trompettes & les Tymbales.
Chantons les plaisirs charmants
Des heureux Amants.
Respondez-nous Trompettes,
Tymbales, & Tambours :
Accordez-vous toûjours
Avec le doux son des Musettes,
Accordez-vous toûjours
Avec le doux chant des Amours.

ENTRÉE DE LA SUITE D'APOLLON.

Suite d'Apollon.

Les neuf Muses. Mademoiselle Hylaire, Mademoiselle Des-Fronteaux, Mesdemoiselles Piesches sœurs, Messieurs Gillet, Oudot, Henry Hylaire, Descouteaux, & Piesche cadet.

Concertants. Messieurs Chaudron pere, Piesche l'aisné, Marchand, Laquaisse cadet, Clerambaut, le Doux, Pesan, Gervais, Camille, Henry, Verdier, Bernard, Mercier, Chevallier, Desnoyers, Edme Verdier, & S. Pere.

Les Arts travestis en Bergers Galants pour paroistre avec plus d'agrément dans cette Feste, commencent les Premiers à dancer. Apollon vient joindre une Chanson à leurs Dances, & les follicite d'oublier les Soins qu'ils ont accoustumé de prendre le jour, pour profiter des Divertissements de cette Nuit bien-heureuse.

ARTS TRAVESTIS EN BERGERS Galants.

Bergers Galants. Messieurs Beauchamp, Chicanneau, la Pierre, Favier l'aisné, Magny, Noblet, Desbrosses, Lestang, Foignard l'aisné, & Foignard le cadet.

CHANSON D'APOLLON.
Chantée par Monsieur Langeais.

LE Dieu qui nous engage
A luy faire la Cour,
Deffend qu'on soit trop sage.
Les Plaisirs ont leur tour,
C'est leur plus doux usage
Que de finir les soins du Iour;
La Nuit est le partage
Des Ieux, & de l'Amour.

SECOND COUPLET.

Ce seroit grand dommage
Qu'en ce charmant Sejour
On eust un Cœur sauvage.
Les Plaisirs ont leur tour, &c.

Au milieu de l'Entrée de la Suite d'Apollon deux des Muses qui ont toûjours évité de s'engager sous les Loix de l'Amour, conseillent aux Belles, qui n'ont point encore aimé, de s'en deffendre avec soin à leur exemple.

CHANSON DES MUSES.

Chantée par Mademoiselle Hylaire, & par Mademoiselle Deffronteaux.

Gardez-vous, Beautez severes,
Les Amours font trop d'affaires,
Craignez toûjours de vous laisser charmer:
Quand il faut que l'on soûpire,
Tout le mal n'est pas de s'enflamer;
Le martire
De le dire,
Couste plus cent fois que d'aimer.

SECOND COVPLET DES MVSES.

On ne peut aimer sans peines,
Il est peu de douces chaines;
A tout moment on se sent allarmer;
Quand il faut que l'on soûpire,
  Tout le mal, &c.

ENTRE'E DE LA SVITE DE BACHVS.

Suite de Bachus.

Concertants. Messieurs de la Grille, le Gros, Gingan l'aisné, Bernard, Rossignol, la Forest, Miracle cadet, Renier, & Iannot.

Violons. Messieurs du Manoir pere & fils, Balus pere & fils, Chaudron fils, le Peintre, Lique, le Roux, le Gros, Varin, Ioubert, Rafié, Des-Matins, Leger, l'Espine, & le Roux cadet.

Bassons. Les Sieurs Collin Hottere, & Philidor.

Haut-bois. Les Sieurs du Clos, du Chot, & Philidor cadet.

Les Mænades & les Ægipans viennent dancer à leur tour. Bachus s'avance au milieu d'Eux, & chante une Chanson à la loüange du Vin.

Six

Six Menades. Messieurs Isaac, Paysan, Ioubert, Dolivet fils, Breteau, & Des-Forges.
Six Ægipans. Messieurs Dolivet, Hidieu, le Chantre, Royer, S. André l'aisné,
& S. André le cadet.

CHANSON DE BACHVS.
Chantée par Monsieur Gaye.

ADmirons le Jus de la Treille:
Qu'il est puissant! qu'il a d'attraits!
Il sert aux douceurs de la Paix,
Et dans la Guerre, il fait merveille:
Mais sur tout pour les Amours,
Le Vin est d'un grand secours.

Silene Nourricier de Bachus paroist monté sur son Asne. Il chante une Chanson qui fait connoistre les avantages que l'on trouve à suivre les Loix du Dieu du Vin.

CHANSON DE SILENE.
Chantée par Monsieur Blondel.

BAchus veut qu'on boive à longs traits;
On ne se plaint jamais
Sous son heureux Empire:
Tout le jour on n'y fait que rire,
Et la nuit on y dort en paix.

K

SECOND COUPLET.

Ce Dieu rend nos vœux satisfaits;
Que sa Cour a d'attraits!
Chantons y bien sa gloire:
Tout le jour on n'y fait que boire,
Et la nuit on y dort en paix.

Deux Satyres se joignent à Silene, & tous trois chantent ensemble un Trio à la loüange de Bachus, & des douceurs de son Empire.

Trio de Silene, & de deux Satyres.

Messieurs Blondel, de la Grille & Bernard.

Voulez-vous des douceurs parfaites?
Ne les cherchez qu'au fonds des Pots.

Un Satyre.
Les Grandeurs sont sujettes
A cent peines secrettes.

Second Satyre.
L'Amour fait perdre le repos.

Tous ensemble.

Voulez-vous des douceurs parfaites?
Ne les cherchez qu'au fonds des Pots.

Vn Satyre.

C'est là que sont les Ris, les Ieux, les Chansonnettes.

Second Satyre.

C'est dans le Vin qu'on trouve les bons mots.

Tous ensemble.

Voulez-vous des douceurs parfaites?
Ne les cherchez qu'au fonds des Pots.

Deux autres Satyres enlevent Silene de dessus son Asne, qui leur sert à voltiger, & à former des Ieux agreables & surprenants.

Deux Satyres Voltigeurs. Messieurs de Meniglaise, & de Vieux-Amant.

ENTRE'E DE LA SVITE DE MOME.

Suite de Mome.

Concertants. Messieurs Dom, Beaumont, Fernon l'aisné, Fernon cadet, Gingan cadet, Deschamps, Horat, la Montagne, & Pierot.

Violons. Les Sieurs Marchand, Laquaisse, Huguenet, Magny, Broüard, Fossard, Huguenet cadet, Destouches, Guenin, Roullé, Charpentier, Ardelet, la Fontaine, Charlot, & Martinot pere & fils.

Baſſons. Les Sieurs Nicolas, & Martin Hotterre.
Haut-bois. Les Sieurs Pieſche pere, Plumet,
& Louis Hotterre.

Vne Troupe de Polichinelles & de Mataſſins vient joindre leurs plainſanteries & leurs badinages aux Divertiſſemens de cette grande Feſte. Mome qui les conduit chante au milieu d'Eux une Chanſon enjoüée ſur le ſujet des avantages & des plaiſirs de la Raillerie.

Six Mataſſins dançants. Meſſieurs de Lorge, Bonard, Arnal, Favier cadet, Goyer, & Bureau.
Six Polichinelles. Meſſieurs Mançeau, Girard, la Valée, Favre, le Febure,
& la Montagne.

CHANSON DE MOME.
Chantée par Monſieur Morel.

FOlaſtrons, divertiſſons Nous,
Raillons, Nous ne ſçaurions mieux faire,
La Raillerie eſt neceſſaire
Dans les Ieux les plus doux.
Sans la douceur que l'on gouſte à meſdire,
On trouve peu de plaiſirs ſans ennuy;
Rien n'eſt ſi plaiſant que de rire,
Quand on rit aux deſpens d'autruy.

Plaiſantons

Plaisantons, ne pardonnons rien,
Rions, rien n'est plus à la mode,
On court peril d'estre incomode
En disant trop de bien.
Sans la douceur que l'on gouste à mesdire,
On trouve peu, &c.

ENTRÉE DE LA SVITE DE MARS.

Suite de Mars.

Concertants. Messieurs Bony, Hedoüin, Serignan, la Griffonniere, le Maire, Desuelois, David, Beaumauiel, Miracle, Perchot, Thierry & Mathieu.

Violons. Messieurs Masuel, Thaumin, Chicanneau, Bonnefons, la Place, Regnaut, Passe, du Bois, du Vivier, Nivelon, le Ieune, DuFresne, Allais, du Mont, le Bret, d'Auche, Converset & Rousselet fils. *Basson.* Rousset. *Flustes.* Philebert, Bouret & Paisible.

Monsieur Rebel, *Conducteur.*
Daicre, *Tymbalier.* Ferier, *Sacq de bout.*
Trompettes. Duclos, Denis, la Riviere, L'Orange, la Pleine, Pellissier, Petre, Roussillon & Rodolfe.

L

Mars vient au milieu du Theatre suivy de sa Troupe guerriere qu'il excite à profiter de leur loisir, en prenant part aux Divertissemens.

CHANSON DE MARS.
Chantée par Monsieur d'Estival.

Laissons en paix toute la Terre,
Cherchons de doux Amusements;
Parmy les Jeux les plus charmants,
Meslons l'image de la Guerre.

Quatre Hommes portants des Masses & des Boucliers, quatre Autres armez de Demi-Piques, & quatre Autres avec des Enseignes font en dançant une maniere d'exercice.

Quatre Enseignes. Messieurs Beauchamp, Mayeu, la Pierre & Favier.
Quatre Piquiers. Messieurs Noblet, Chicanneau, Magny, & Lestang.
Quatre Porte-Masses & Rondaches. Messieurs Camet, la Haye, le Duc, & du Buisson.

DERNIERE ENTRE'E.

LEs quatre Troupes differentes, de la suite d'Apollon, de Bachus, de Mome, & de Mars, apres avoir achevé leurs Entrées particulieres, s'vnissent ensemble, & forment la derniere Entrée, qui renferme toutes les autres. Vn Chœur de toutes les voix & de tous les Instruments se joint à la Dance generale, & termine la Feste des Nopces de l'Amour, & de Psiché.

CHOEVR.

*Chantons les Plaisirs charmants
Des heureux Amants:
Respondez-nous Trompettes,
Tymbales, & Tambours;
Accordez-vous toûjours
Avec le doux son des Musettes;
Accordez-vous toûjours
Avec le doux chant des Amours.*

FIN.

www.ingramcontent.com/pod-product-compliance
Lightning Source LLC
Chambersburg PA
CBHW062012070426
42451CB00008BA/679